どうすれば
きみも話せる

ワンランク上の話し方テクニック

監修 鳥谷朝代

3

岩崎書店

こうすればきみも話せる❸
ワンランク上の話し方 テクニック

まえがき

　1巻では自分のことを話す自己紹介のしかた、2巻では友だちとの話し方について勉強してきました。いよいよこの3巻では、もうワンランク上の話し方である「アナウンス」「ディベート」「インタビュー」「プレゼンテーション」「敬語」について学びます。

　世の中にはさまざまな年齢や職業、考え方の人がいます。そのため、相手に正しく情報を伝えること、自分の考えを話すこと、ときには反対意見を述べることは、むずかしいものです。また、相手におねがいごとをしたり、目上の人に教えてもらうといった状況も、大人になるにつれ、増えてくるでしょう。

　話し方はたいへん奥が深いものですが、さまざまな場面での言葉づかいや基本のマナーを身につけると、話すことがどんどん楽しくなります。楽しく学び、話す力を身につけましょう。

鳥谷 朝代

ワンランク上の話し方をめざそう

再来週の授業参観では、「どうしたらごみのポイ捨てがなくなるか」について、

みんなにプレゼンテーションをしてもらおうと思います。グループごとに準備しておいてください

どうしたら ごみの ポイ捨てが なくなるか

プレゼンテーション？？

松田くん、木村さん、いっしょのグループだね

よろしく――！

プレゼンテーションってどんなことしたらいいのかな？

授業でやったんだけど、松田くんはお休みだったよね。人に納得してもらえるように自分の考えを提案するんだよ

お母さんに聞いたら、大人は会社でもプレゼンテーションするんだって

1 声で的確に情報を伝える
アナウンス

だれが聞いてもわかりやすいように情報を伝えるのが
アナウンスです。いつもの話し方とどこがちがうのでしょうか？

いろいろなところで声の情報を聞く

　わたしたちの生活には、アナウンスされた声の情報があふれています。テレビから聞こえてくるのはもちろん、街を歩いていても、電車やバスに乗っていても、学校の中でも、アナウンスされた声の情報を耳にします。なにげなく聞いていますが、それぞれ伝え方に工夫がこらされているのです。

探してみよう

テレビで
・最新のニュース
・スポーツの実況

学校で
・学校行事のお知らせ
・係の仕事の連絡

街中で
・お店の商品の情報
・迷子のお知らせ

○○係の人は
昼休みに……

今日の
特売品
は〜……

聞きやすいアナウンスにする３つのポイント ☑

❶ わかりやすく
- ☐ ハキハキした声で
- ☐ １分間に300字程度を読む速さで
- ☐ 流行語などは使わない

❷ 正確に
- ☐ 内容を正しく
- ☐ 言葉づかいを正しく
- ☐ 漢字の読み方を正しく

❸ 自然に
- ☐ 棒読みしない
- ☐ 文章の区切りを意識する
- ☐ 単語の区切りを意識する

＼ アナウンスの前に ／

ウォーミングアップをしよう

聞きとりやすい声で話すために、声の調子を整えよう。腹式呼吸と口の開け方（1巻を見てみよう）に注意して、文章をくりかえし読み、発声練習しておこう。

知りたい！

アナウンサーになったらニュースを読む仕事しかない？

バラエティ番組の司会や現場のリポートなどもある

　ニュースを読むのはアナウンサーの大切な仕事ですが、ほかにも仕事はいろいろあります。はなやかなバラエティ番組の司会や、スポーツ中継、事件や災害の現場からのリポートといった仕事もあります。どれも声で情報を伝えるという点では共通しています。

校内放送をしてみよう

どんな校内放送を聞いてみたいですか？
聞いてくれる人を楽しませる企画を考えて、
実際に放送をしてみましょう。

1 企画を立てよう

校内放送でなにを放送するかを決める

〈クイズ〉
・なぞなぞ
・心理テスト
・学校や先生に
　まつわるクイズ

〈インタビュー〉
・先生にインタビュー
・児童にインタビュー
・学校ではたらく人に
　インタビュー

〈そのほか〉
・物語の朗読
・アンケートをとって
　ランキング発表
・今日の給食の紹介

企画とは

なにかをするための計画を立てること。新しいアイデアを出して、それを実行するために計画したり、準備したりすることを指す。

上にあげたもの以外にも、おもしろそうだと思う企画を考えてみよう。
おもしろそうでも、聞いている人がいやな気持ちになるものはダメ。

2　校内放送に必要な材料を集めよう

調べる
朗読をするならなにかおもしろい話はないか探す、クイズならみんなが答えを知らなそうな問題を見つける、など放送の内容について調べておく。

事前におねがいする
インタビューを受けてもらう、アンケートに答えてもらうなど、だれかの協力が必要なことは、前もっておねがいしておく。

台本をつくる
放送する原稿だけでなく、「だれが」「いつ」「なにを」話すのかをあわせてまとめておく。

必要な道具をそろえる
使う場合は楽器や音楽の CD などを準備する。放送室の設備も確認しておこう。

3　リハーサルをして確認しよう ☑

- ☐ 放送室の使い方はわかる？
- ☐ 時間内に放送内容はおさまる？
- ☐ 台本の流れはスムーズ？
- ☐ 道具はすべてそろっている？

本番までの時間の余裕をもっておこう
リハーサルをしたあとで、台本を少し変えたり、内容を短くしたりするなど直しが必要になることも。それを調整するための時間をとっておく。

4　放送をしよう

準備が整ったら校内放送をしてみよう。ウォーミングアップをしてから、明るい声で話しはじめよう。

"マイクのり"に気をつけよう
話すときは、マイクに向かって声を出そう。マイクを通して声を出すことを"声をのせる"という。口とマイクの距離はこぶしひとつ分くらいにする。

表現力が必要なナレーション

ナレーションは、文章を感情ゆたかに表現する方法です。同じ文章でも読み方を変えると、伝わることが変わってきます。

1 ナレーションに必要な2つのポイント

ポイント1 強調する

文章の中でいちばん伝えたい言葉を、ゆっくり、大きな声で言ってみよう。

＜例文＞8月8日に Aくんと 海に行きました

いつ行ったか、をいちばん伝えたい

だれと行ったか、をいちばん伝えたい

どこに行ったか、をいちばん伝えたい

ポイント2 抑揚をつける

読むときに声の強弱や高低をつけることで、文章の意図がはっきりする。

＜例文＞犬が好きなの（→）？ 　語尾を上げずに言い切ると自分の意見のようになる

＜例文＞犬が好きなの（↗）？ 　語尾を上げると質問している感じになる

はずかしがらずにやり切る

　何度も練習してみましょう。強調したいポイントを意識して、きちんと抑揚をつけ、感情をこめて話す練習をするのです。はずかしがりやの人は、感情をこめて話そうとすると、とても緊張してしまいます。はずかしさを捨てて、わざと大げさに抑揚をつけ、感情をこめて、何度も読んでみましょう。とてもよい練習になります。ナレーションが上手になるコツは、はずかしがらずにやり切ることです。

② 強調のしかた

- ●大きな声にする
- ●ゆっくり発音する
- ●高めの声にする
- ●単語の前に「間」をおく

おじいさんは、山へ しばかりに（はっきりと）

おばあさんは、川へ 洗たくをしに行きました。（ゆっくりと）

大きな声にするところは四角で囲む、ゆっくり読むところは波線を引くなど、ナレーションをする原稿にあらかじめ印をつけておくとよい。

わたしの場合は……

「顔が見えなくても笑顔で話しています」
土井里美（ラジオパーソナリティ）

　小学生のころ、国語の授業で本を読むのが得意だったので、それをきっかけに放送委員会に入り、校内放送をしていました。この経験が楽しくて、ラジオパーソナリティになる夢を抱いたのです。

　わたしがラジオでおしゃべりするときはいつも「わたしは機嫌よく話していますよ」ということを伝えるために、笑顔で話しています。笑顔で話すぐらいで、ちょうどよい声になるのです。顔が見えない分、機嫌のよさを声にプラスしてあげるイメージです。

　また、いろいろな人が聞いていることをいつも頭において、「だれも傷つけない言葉を選ぶ」ことを大切にしています。どんな人が聞いても気分よく聞ける放送を心がけています。

連絡事項を正確に伝えるためには？

知りたい！

必ずメモをとって、順序よく話す

　連絡事項があるときには、必ずメモをとるようにします。なぜなら、連絡事項を伝えるときには正確さが最も大切だからです。「このくらいのことなら覚えられるし、わすれるはずがない」と思っていても、時間がたつと、記憶があやふやになることはよくあります。ほとんど覚えていても、一部が抜け落ちてしまうこともあります。メモがあれば、それを見ながら順序よく話せるので、話が伝わりやすくなるというメリットもあります。

メモは大事

明日の持ちもの
・ぼうし
・ぐんて
・ビニールぶくろ　3まい

黒板に書いてある持ちものはたった3つ。わざわざメモをとらなくても、覚えられそうな気がする？

○ メモがあると

なにかが抜けたりせず、確実に自分が聞いてきたことを伝えられる。

× メモがないと

話すことをわすれてしまったり、抜け落ちてしまったりすることがある。

上手なメモのとり方

1 5月25日

2 ㊟明日は　運動会の
　　予行練習（2〜4時間目）
　　［持ちもの］
　　体操服、ぼうし、水とう、
　　タオル（あせをふく用）**3**

　　㊟PTAの手紙は明日までに
　　先生にわたす
4 →今日、お母さんから受けとる

1 メモをとった日の
　日づけを書く

2 話題ごとに分けると、
　あとで読みかえしやすい

3 「なんのためか」という
　ことも書いておくと、
　人に説明するときに
　わかりやすい

4 メモの内容を受けて、
　どうしなければいけないの
　かも書いておく

わからないことはそのままにしない

メモをとっている最中にわからないことが出てきたら、必ず
質問して解決する。メモをとるスピードが追いつかないとき
は、少し待ってもらったり、もう一度言ってもらえるように
おねがいしたりする。

② 2つの意見に分かれてたたかう ディベート

ディベートは、話し合いのゲームです。「どちらの意見が正しいか」ではなく、「どちらの意見に説得力があるか」を競います。

答えに正解はなく、説得力を競う

ディベートでは、ある議題について対立した意見をもつ2組に分かれ、意見をたたかわせます。話し合いのときのように、異なる意見をもつ人たちが、ともに納得できる結論をみちびき出そうとするものではありません。

あくまで自分たちの意見のよい点を主張し、相手の意見の欠点を指摘して、相手に納得させようとします。

ただ、これはあくまでゲームです。どちらの意見が正しいかではなく、意見を主張するために、説得力のある話ができたかどうかが重要なのです。説得力で勝ち負けの判定をくだします。

話し合いとはちがう

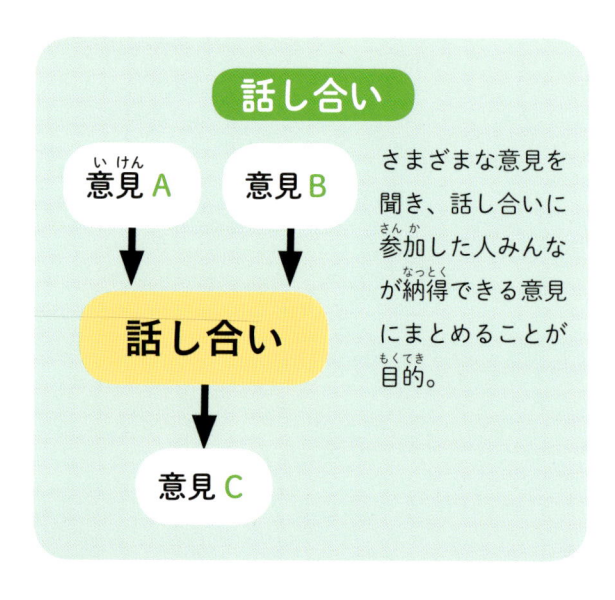

話し合い

意見A 意見B → 話し合い → 意見C

さまざまな意見を聞き、話し合いに参加した人みんなが納得できる意見にまとめることが目的。

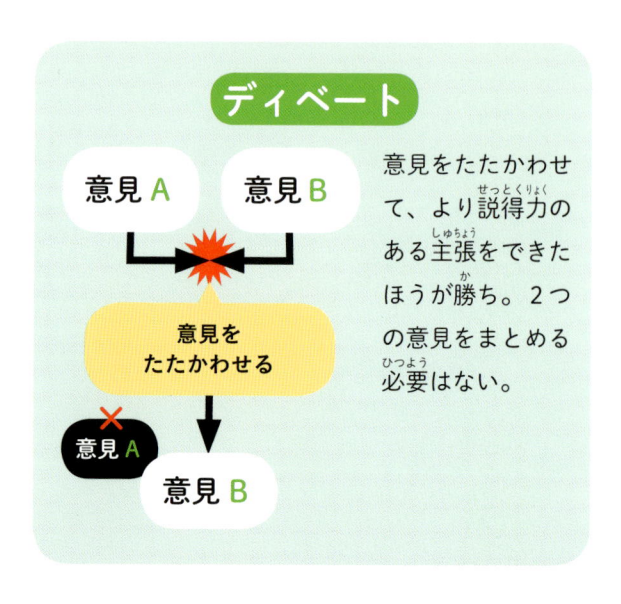

ディベート

意見A 意見B → 意見をたたかわせる → ✕意見A / 意見B

意見をたたかわせて、より説得力のある主張をできたほうが勝ち。2つの意見をまとめる必要はない。

2チームと判定する人に分かれる

議題「給食はやめてお弁当にすべきだ」

Aチーム
「議題に賛成」

Bチーム
「議題に反対」

チームの意見に納得してもらうことが目標

納得してもらうには、自分のチームの意見を主張する理由をしっかり話そう。

自分の考えは抜きで判定する

判定する基準は、どちらのチームの意見に賛成するか、ではない。自分の気持ちや意見とは関係なく、どちらのチームがより説得力のある話をしていたか、を考えて判定する。

判定する人たち

ステップ
1
アナウンス

ステップ
2
ディベート

ステップ
3
インタビュー

ステップ
4
プレゼンテーション

ステップ
5
すてきな言葉づかい

試合に備えて念入りに準備する

ディベートでは時間制限があり、発言できる回数が決まっています。
しっかり意見を言えるように、よく準備をしておきましょう。

準備のしかたが勝敗を分ける

ディベートの議題は、賛成と反対に意見が分かれるものにしましょう。そして、意見をたたかわせる2つのチームをつくります。チーム分けは、議題について賛成の意見をもつ人を集めたり、反対する人を集めたりはしません。くじやじゃんけんで分けるようにします。どちらになっても、そのチームの意見を主張して話し合うのです。

準備では、どうして自分たちの意見がいいのか、その理由を考え、相手側の意見にはどのような欠点があるのかを考えます。そして、それを書き出しておきます。自分たちの意見の弱点も考えておくと、それを指摘されたときの反論に役立ちます。

① チーム分けをする

＼ ひとりひとりの意見でチーム分けをするのではない ／

くじ引きやじゃんけんで決める。本当の自分の意見とは逆の意見を主張するチームになっても気にしない。

② チームの意見のメリットとデメリットを考える

＼議題「給食はやめてお弁当にすべきだ」／

賛成　　　考えてみよう　　　**反対**

Q 給食をやめると、
　　どんなよいことがある？

・給食当番をしなくてよくなる
・人気のないメニューの食べ残しがなくなる
・自分が好きなものを食べられる
・自分が食べたい量を用意してもらえる
　　　　　　　　　　　　　……など

Q 給食を続けると、
　　どんなよいことがある？

・栄養のある食事が必ずできる
・給食当番をすれば、ごはんのもりつけ方
　の勉強になる
・きらいなものを食べられるように
　なることもある　　　　　……など

Q 給食をやめると、
　　どんな悪いことがある？

・お昼ごはんに差が出る
・給食をつくる人の仕事がなくなる
・お父さんやお母さんがお弁当を毎朝
　つくるのがたいへん
・栄養がかたよる　　　　　……など

Q 給食を続けると、
　　どんな悪いことがある？

・いつも残ってしまうおかずが
　たくさん出る
・準備に時間がかかる
・おかわりできる人とおかわりできない人
　がいて不公平　　　　　　　……など

自分のチームの意見のデメリットにも目を向けよう

自分のグループの意見を主張するだけでなく、相手からの反論に答えることも必要になる。デメリットを考えておくことで、相手から言われる反論へ、さらに反論する対策ができる。

3 主張（立論）を原稿にまとめよう

❶ 自分の意見を示す

↓

❷ 意見の根拠を話す

↓

❸ もう一度、自分の意見を示してまとめる ← ここまででだいたい **3** 分

> **17ページで考えたメリットやデメリットを話す**
>
> 自分の主張のメリットや、相手の主張のデメリットを話して、意見の根拠にする。数は1〜2こ程度にして、ひとつについてくわしく話すようにする。

4 相手の反論を予想して「反駁」を考える

① どんな反論があるだろうか？

＼ 主張「お弁当にすべき」／

なぜなら
- 食べたい量を食べられる
- 好きなものが食べられる
- 家計の節約にもなる

予想される反論
- 栄養がかたよるのでは？
- お弁当を毎日用意するお父さんやお母さんはたいへんでは？

わたしの場合は……

「相手の表情や反応を見ながら話します」
山田勝彦（弁護士）

　仕事で、少人数で話をするような場合には、話をする前にまず聞くことから始めます。聞くことが9割、話すことが1割、というのが理想です。相手の目を見つめて、相手の反応を確認しながら話をするようにしています。

　セミナーなど、多くの人に向けて話をするときには、できるだけ聞いている人の表情を見るようにしています。自分の話が伝わっているか、おもしろそうに聞いているかなどを確認しながら話をします。最初、場に慣れないうちは、うなずくなどの反応を示してくれる人を中心に見ながら話をし、だんだん視界を広げていきます。聞いている人の反応が鈍くなったときには、原稿からはなれておもしろそうな話やきょうみをもってもらえそうな話をちょっと入れる、などの工夫をしています。

②反駁（反論の反論）を考えよう

・自分の子どもの栄養状態は親がいちばんよく知っているはず
・前日の夜に用意する、夕食の残りを使うなどの工夫ができる

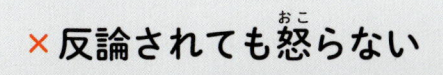

× 反論されても怒らない

反論されたことが納得できなくても、怒ったり、どなったりするのはルール違反。反論をしっかり聞いて、落ち着いて自分の主張を伝えよう。

試合にのぞもう

いよいよ本番の試合にのぞみましょう。
試合の流れや制限時間に気をつけながら、
意見をたたかわせてみましょう。

説得力のある意見を言えたほうが勝ち

⚠ 与えられたもち時間を意識して話そう

スタート

お弁当派

（1分）

立論　　回答　　　　質問

（3分）

給食派

質問

ここでは反論をするのでは
なく、相手の主張の中でわ
からなかった点を確認する。

（1分）

立論　　回答

（3分）

作戦会議（一分）

やりとりをたくさんして議論を深める

それぞれのチームの「立論」から始めます。自分たちの意見が正しいと考える理由を話し、それに対する質問と回答を行います。両チームの立論が終わったら、作戦会議を行い、相手の立論に対する「反論」を述べ合います。

さらに、反論への反論である「反駁」も行います。このような流れで議論を進め、より説得力があったのはどちらかを判定します。

立論では、話す内容に番号などをつけると、理解しやすくなります。反論や反駁は早口になりやすいので要注意。感情的にならず、論理的に話しましょう。

 説得力だけが判定基準　判定する人がどちらに賛成するかは判定基準に入れない。また議論をする人たちの性格に流されたりしないように注意する。

おわり

反論（はんろん）

（2分）

反駁（はんばく）

（1分）

作戦会議（1分）

判定　どちらのチームの意見に説得力があったかを判定する

反論
どの点について反論するのかを必ず言ってから反論する。反論がいくつかあるときは数を言ってから話すとわかりやすい。

（2分）

反駁
反論されたことへさらに反論する。自分たちの今までの意見と矛盾しないように気をつけよう。話し方は反論のときと同じ。

（1分）

3 相手から話を聞く インタビュー

自分が知りたいことを相手に話してもらうのがインタビュー。
気持ちよく話してもらうには、なにに気をつければよいでしょうか？

相手への感謝の気持ちをわすれずに

テレビでも、新聞や雑誌でも、インターネットの中でも、インタビューが行われています。内容が公表されるのを前提に、ある人物に話をしてもらうわけです。インタビューが発表されるのは、学級新聞のこともあれば、全国放送のテレビ番組のこともあります。人数に差はありますが、多数の人が読んだり聞いたりするという点ではどちらも同じです。

聞き手は、最終的に読んだり聞いたりする人がなにを知りたいのかを意識しながら、質問をくり出す必要があります。

また、いろいろな話をしてもらうためにも、インタビューに応じてくれた相手への感謝や気づかいを、わすれないようにしましょう。

どんな質問なら答えやすいかな？

○語尾を上げる

「？」の意味を込めて、語尾を上げる。語尾が上がっていないと、相手は責められているような印象を受けてしまう。

○なぜ聞きたいのかを明らかにする

なぜその相手にその質問をするのか、自分の考えを明らかにすると相手は答えやすい。

これはダメ

責めるような口調

「どうしてできないの？」「なぜそれをやらなかったの？」など、質問の形でも厳しい口調に聞こえる。

プライベートなこと

家族のことや住んでいる場所など、プライベートなことをいきなり聞かない。失礼にあたる。

まずは依頼する

いきなり会いに行くのは ×

いきなり知らない人が会いに来たら、相手はびっくりするかもしれない。知っている人でも、相手の予定を考えずに会いに行くのはマナー違反。

依頼の手紙の例

田中太郎さま

はじめまして。
△△市立○×小学校4年2組の佐藤あすかといいます。

❶ 名乗って あいさつする

わたしたちは「好きな仕事を調べよう」というテーマで社会の時間に調べ学習をしています。みんなそれぞれ好きな仕事について調べて、来月に発表会をする予定です。
わたしは昔からパンが大好きで、パン屋さんになりたい、という夢があります。そこでぜひパン職人である田中太郎さんにインタビューをさせていただきたく、手紙を書きました。

❷ なぜインタビューをしたいのかを伝える

インタビューでは、パン屋さんになりたいと思った理由、なるためにがんばったこと、いつも苦労していること、パン屋さんになってよかったことをお聞きしたいと考えています。

❸ どんなことを聞きたいのか、簡単に伝える

来週の月曜日から日曜日の間で、30分ぐらいお時間をいただけますとうれしいです。平日は学校があるので16時よりあと、土曜日と日曜日は何時でもだいじょうぶです。

❹ いつまでに、どのくらいの時間をかけてインタビューしたいのか伝える

どうぞよろしくおねがいします。

○×小学校4年2組
佐藤あすか
電話番号　012-345-6789
住所　△△市○×町1-2-3○×小学校

❺ 自分の連絡先（学校の住所、電話番号）をわすれずに書く

インタビューの前に下調べをする

インタビューの時間は限られています。その中で自分が知りたいことを質問するには、事前の下調べが欠かせません。

基本的なことは自分で調べよう

＼ インタビュー相手が「消防士」だったら ／

本やインターネットからわかること

- 消防士の基本的な仕事
- 消防車の種類
- 消防士になるために必要な勉強
- 消防服はどうなっているのか

インタビューでしか聞けないこと

- なんで消防士になろうと思ったのか
- 消防士をしていてやりがいを感じること
- 消防士になって大変だと思うこと
- これからの目標

知りたいことを書きだして、自分で調べられることと、インタビューでしか聞けないことにグループ分けする。

インタビューメモをつくる

なんで消防士になろうと
思ったのか？
・いつごろ思ったのか？
・きっかけとなるできごとがあった？

消防士をしていてやりがいを
感じることは？
大変だと感じることは？

これからの目標
・どんな消防士になりたいか
・どんな人に仲間になってほしいか

事前にインタビュー相手に質問票を送っておいてもよい

聞きたいことを先に伝えておくと、相手は答える準備がしやすい。当日は時間に余裕があれば、ほかのことも聞けるかもしれない。

× 当日は質問票ばかり見ない

その人にしか答えられないことを聞く

インタビューの前には、下調べをして、当日はどのような質問をするか考えておきましょう。

下調べでわかったこととわからなかったことを整理します。それをもとに質問票をつくっておくと、インタビューするときに役立ちます。

その人だからこそ答えられることを質問すると、魅力的なインタビューになります。その人だからこそ知っている専門的な内容について、ふつうの人は経験しない特殊な体験について、その人が考えていることや感じていることについて、うれしかったことや悲しかったことについて、これからやりたいことについて。本やネットで調べても出てこないようなことを、相手に話してもらうようにするのです。

多くの場合、インタビューの時間は限られているものです。自分が考えた質問を、時間内に全部聞けるのかどうかも検討しておきましょう。あらかじめ質問の優先順位をつけておくと、当日の時間のやりくりがしやすくなります。

ステップ
1
アナウンス

ステップ
2
ディベート

ステップ
3
インタビュー

ステップ
4
プレゼンテーション

ステップ
5
すてきな言葉づかい

上手な質問で相手に楽しく話してもらう

質問票を読み上げて、質問攻めにしてはいけません。
相手に楽しく話してもらうにはどうすればよいでしょうか？

インタビューをしてみよう

始める前に

雑談（アイスブレイク）の内容を考えておこう

いきなり本題に入らずに、その場の雰囲気を和ませる会話をするとインタビューをしやすくなる。その日の天気や、相手の服装など簡単な話題でよい。

元気にあいさつ

元気にあいさつをする。初めて会う人なら、簡単に自己紹介をする。時間を取ってもらったお礼も伝えよう。

とにかく相手に集中する

インタビューはふつうの会話ではありませんが、人と人が顔を合わせて話をするのですから、気持ちよく話せる環境を整えることも大事です。

まずはきちんとあいさつをして、笑顔でインタビューを始めましょう。そうすることで、相手もとても話しやすくなります。

もうひとつ大切なのは、相手の話に集中して、「もっと知りたいんです」「ぜひ聞かせてください」「あなたの話が聞きたいんです」という強い気持ちをもってインタビューを行うこと。そういった熱心さが表れていると、話し手も熱心に話してくれるものです。

インタビューを始める

話の内容に合わせて
表情ゆたかに

相手を見る

メモをしながら聞く
メモをとりながら、話を一生けん命聞く姿はとても印象がよいもの。手元ばかり見ないように気をつけよう。

時間を守って終わらせる

インタビューのあとに相手には予定があるかもしれない。手元に時計を置くなどして、時間がわかるようにしておこう。

× **時計ばかり見るのはダメ**

ステップ
1
アナウンス

ステップ
2
ディベート

ステップ
3
インタビュー

ステップ
4
プレゼンテーション

ステップ
5
すてきな言葉づかい

インタビューの "こんなとき、どうする?!"

しっかり準備をしていても、インタビュー中に予想外のことが起きる場合も。そんなとき、どうすればよいかを紹介します。

Q 相手が「はい」「いいえ」でしか答えてくれない

A. 「オープン・クエスチョン」で質問しましょう

「はい」「いいえ」で答えられる質問を「クローズド・クエスチョン」、具体的な答えが必要な質問を「オープン・クエスチョン」といいます。

インタビューのように、相手からいろいろな話を引き出して、広げたい場合には「オープン・クエスチョン」で質問するとよいでしょう。

クローズド・クエスチョン

> 犬が好きですか?

オープン・クエスチョン

> 好きな動物とその理由はなんですか?

Q 話がどんどんちがう方向へ進んでしまった

A. いきなり話をさえぎらずに、ひとまず聞きましょう

自分が聞きたいこととは別のほうに進んでも、あわててさえぎってはいけません。聞きたいことはその話の最後かもしれませんし、なにより話をさえぎるのは失礼です。きちんと聞いてもちがう話だった場合は、新しい質問をして、話題を変えてみましょう。

Q 質問事項はまだあるけれど、
この話をもっと聞きたい

A. さらに質問して話を広げましょう

　話を聞いている中で、もっと重点的に聞きたいと思う話が出てきたら、質問を重ねて聞いてかまいません。ただし、時間は限られています。そういった状況になっても必ずしなければならない質問と、もし質問できなくても問題ないものをあらかじめグループ分けしておくと対応しやすくなります。

必ず聞きたいこと
・その人からしか聞けない
　気持ちや考え方
・本やインターネットには
　のっていなかったこと、
　わからなかったこと
　　　　　　……など

Q メモのスピードが追いつかない

A. 全部をメモしようとしなくてだいじょうぶ

　全部の言葉を書き取るのは大変です。キーワードになる言葉をメモしていきましょう。持っている人は、ボイスレコーダーを使ってもよいでしょう。その場合は必ず相手に使ってもよいか聞いて、許可を取ってから。また当日にあわてないようにボイスレコーダーの使い方は練習しておきましょう。

**単語や記号を使って、
話の流れをメモしておこう**

犬
・子どものころに、柴犬を飼った
・今はトイプードル
　　↓
　　　2匹
　　（黒とグレー）

ステップ
1
アナウンス

ステップ
2
ディベート

ステップ
3
インタビュー

ステップ
4
プレゼンテーション

ステップ
5
すてきな言葉づかい

4 提案して納得してもらう
プレゼンテーション

プレゼンテーションでは、自分の考えを提案するだけではなく、その考えに納得してもらえる伝え方をすることが大切です。

自分の考えを相手に提案する

　自分の提案を、聞く人たちに納得してもらったり、理解してもらったりするために話をする。これがプレゼンテーションです。提案するものはさまざまです。遠足の行き先や、卒業文集の表紙のデザインについてプレゼンテーションすることがあるかもしれません。新しい商品や新しい企画についてプレゼンテーションすることもあります。

　プレゼンテーションの対象がなにであったとしても、自分の提案する「こと」や「もの」のよさを、聞く人たちによく理解してもらう必要があります。

　話す内容はもちろん、どのような話し方をするかも、プレゼンテーションの結果を大きく左右します。

知りたい！ 上手なプレゼンテーションを見たいけれど、どうすれば？

インターネットで世界中のプレゼンテーションを見てみよう

　どうすれば聞く人たちを納得させられるのかを知るためには、上手なプレゼンテーションを見るのもよい方法です。インターネットを利用すれば、日本のものはもちろん、世界中で行われた多くのプレゼンテーションを見ることができます。世界的に有名な名プレゼンテーションもあります。いろいろ見て、参考にしてみるとよいでしょう。たとえ外国語がわからなくても、身ぶりや姿勢、話し方などは、とても参考になるはずです。

ステップ
1
アナウンス

ステップ
2
ディベート

ステップ
3
インタビュー

ステップ
4
プレゼンテーション

ステップ
5
すてきな言葉づかい

だれに向けてどんな目的で話すのか確認しよう

＼ 確認することリスト ／

●プレゼンテーションの目的は？

（例）
・新しい仕組みや決まりを提案する
・自分がおすすめしたいものを広める　など

●自分が話せるのは何分間？

> プレゼンテーションは必ずもち時間以内に終わらせよう。自分よりあとの順番の人にめいわくをかけてしまう。

●聞く人はだれ？
・まったく知らない人
・クラスメイト
・プレゼンテーションの内容にきょうみをもっている人　など

●どこが会場になる？

> 会場の大きさや聞く人の人数によって、どんな方法で行うのがよいか考える。

・教室
・体育館　など

＼ 確認したら ／

どんなストーリーで
話すのかを考える

ビジネスでも
この確認がとても大切

お客さんに新製品を提案するのか、自分の上司にやってみたい仕事の企画を提案するのか、目的や相手によって工夫が必要。

「準備」と「情熱」が成功のカギ

聞いた人の心に残るプレゼンテーションにするには、準備はもちろん、自分の考えを人に伝えたいと思う気持ちが大切です。

情熱をもつことがいちばん大切

　流ちょうなしゃべりにささえられたそつのないプレゼンテーションは、上手ではあっても、人の心を動かすとは限りません。プレゼンテーションで最も大切なのは、自分の考えに情熱をもっていることです。

　ただ、情熱さえあればいいというわけではなく、その情熱を伝えるために、前もって準備しておくことも必要です。どのようにしたらよく伝わるかを冷静に考え、原稿をつくり、念入りに練習しておきましょう。そうした努力があって、あなたの情熱が聞く人たちの心を動かすのです。

1 伝えたいことを書き出す

かじょう書きでよい
話の順番などは考えなくてだいじょうぶ。自分が伝えたいことを書き出す。

原稿にすると頭の中がより整理される
書き出したことを話す順にならべかえる。もち時間にあわせて、内容を調整する。

② 演出を考える

会場の広さや聞く人数を考えて、効果的に伝わる資料の使い方や話し方を考えてみよう。

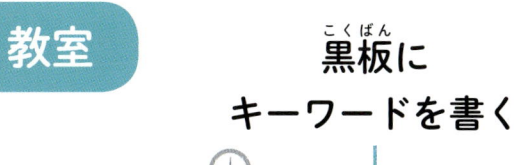

教室

黒板に
キーワードを書く

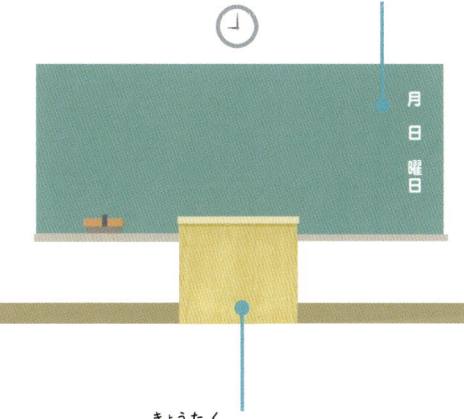

教卓の上に
見せたいものを出す

体育館

スクリーンを使って
写真などを映す

自分が
歩き回りながら話す

レジュメは必ずつくろう

レジュメとは、プレゼンテーションのポイントをまとめた紙の資料のこと。
聞いている人は、話を聞きながらメモをとれるので、便利。

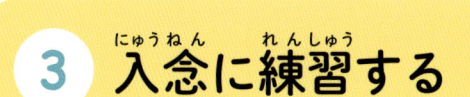

③ 入念に練習する

☐ 聞きやすい声で話している？
☐ 話しているときの姿勢はどう？
☐ 用意した演出は
　スムーズにできている？
☐ 気持ちを込めて話している？

前日は早く寝よう

緊張して眠れないことがあるかもしれない。でも、ここまで準備をきちんとした自分を信じて、早めに寝るほうがうまくいく。

ブックトークに挑戦してみよう

プレゼンテーションのひとつでもある、ブックトーク。本の魅力を伝えるには、どのような順序で、どのように話すとよいでしょうか？

1 紹介する本を数冊選ぶ

本の選び方 1 ひとつのテーマから連想して、何冊かの本を選ぶ

テーマ例「乗りもの」

- 1冊目 車が主役の物語
- 2冊目 飛行機を発明した人の伝記
- 3冊目 世界の電車の図鑑

いろんなジャンルの本を選ぼう

物語、伝記、図鑑、詩集、写真集など、ひとつのジャンルの本ばかりにならないようにする。

テーマ例「色」

- 1冊目 色の名前がタイトルについている物語
- 2冊目 色の名前がタイトルについている物語（1冊目とはちがう色）
- 3冊目 色についてわかる図鑑

「好き」と思える本を選ぼう

自分が気に入っている本だからこそ、本のよさやおもしろさが伝わりやすくなる。

本の選び方 2 1冊の本のキーワードからほかの本を選ぶ

1冊目 シンデレラ

キーワードは

ガラスの靴　　魔法　　かぼちゃ

2冊目 ガラス細工のつくり方の本

3冊目 魔法使いが出てくる童話

4冊目 かぼちゃの育て方を紹介する本

おすすめしたい本を何冊か紹介する

おすすめしたい本について、みんなの前で話をするのが「ブックトーク」です。あるテーマに沿って集めた数冊の本について話をします。みんなが「その本を読んでみたいな」という気持ちになるように、本の魅力をどう伝えるか工夫してみましょう。

本選びは、テーマから連想して選んでもいいし、紹介したい1冊を決め、キーワードで広げていく方法もあります。本の紹介がテーマでつながるように、紹介する順番を決めます。原稿もつくっておきますが、ブックトークの本番では、原稿を見ないで話します。本の一部を朗読する、挿絵を見せる、といった工夫もしてみましょう。

> **わたしの場合は……**

「読みたいと思ってもらえる工夫をしています」
近藤久恵（司書）

本を紹介するときは、聞き手みんなにきょうみをもってもらえるように伝えることを心がけています。おもしろそうなページを紹介したり、続きが気になりそうな部分を選んで結末は話さないようにしたり、いろいろなジャンルの本を選ぶようにしたりしています。

話すときには、声を前に飛ばすイメージで話します。特に朗読の場合は、読み手と聞き手がいっしょに本を楽しめるように、内容の邪魔をせず、聞き取りやすく読むことをめざしています。

2 読書カードをつくる

9月5日　水よう日

本のタイトル　人魚ひめ

作者　アンデルセン

感想
足を手に入れるかわりに、声が出なくなってしまって、王子さまに声をかけられない人魚ひめのさみしい気持ちが伝わってきた。

カードに記入すること
・本の中のキーワード
・物語のあらすじ
・自分の感想
・好きなシーン、
　セリフ、言葉　など

本を読んで、思ったことや考えたことはなんでも記録に残しておこう。

3 原稿をつくる

❶紹介する本の順番を決めよう

紹介する順番を工夫して、ブックトーク全体がひとつのお話になるようにつなげてみよう。

❷みんなが読んでみたくなる文章を考えよう

物語のように話して紹介するのがよい本もあれば、順を追って内容を説明したほうがよい本もある。

④ 紹介のしかたを考える

●本を朗読する

向いている本
・物語
・伝記　など

●図や挿絵を見せる

向いている本
・図鑑
・写真集
・絵本　など

使うページに印をつけておくとスムーズ
朗読したり、挿絵や写真を見せたりするページにはふせんやしおりで印を。
話しながらページを探すのは時間がもったいない。

⑤ 本番の心得

心得1
タイトルと作者名を必ず伝える
話すことに気をとられて、意外とわすれることが多い。大きな声ではっきり伝えよう。

心得2
紹介している本はつねに見えるように
胸の前あたりで持ったり、台があればその上に立たせて置いたりしてもよい。

心得3
好きな気持ちを込めて話す
少し話がうまくいかなくても、最後まで「その本を好き」、という気持ちで話せば、伝わる。

5 印象がよくなる すてきな言葉づかい

だれと、どんな話をするときでも気をつけたいのが言葉づかい。なにげなく使っている言葉が人に不快感を与えることがあります。

こんな言葉づかいしていないかな？

●口ぐせ

- えーっと
- あのー……
- 〜っていうか
- 逆に〜

自分ではそんなつもりがなくても、くりかえし出てくる口ぐせは聞いている人は気になるもの。

●単語だけで話す

会話をするときに文章ではなく、単語だけで話していることはないだろうか。文章にしないと、言いたいことは正しく伝わらない。

はしー！

自分の言葉のくせを聞いてみよう

言葉のくせをもっている人は多いのですが、ほとんどの場合、本人はそれに気づいていません。

たとえば、話しはじめるときに「えーっと」や「あのー」という言葉をつける人がよくいますが、本人はそれを意識していなかったりします。

ところが、聞く人にとってはとても耳障りな言葉です。せっかく話をしているのに、そういった言葉のくせのために、話を聞いてもらえない、ということにもなりかねません。

自分がどんな言葉のくせをもっているか、友だちや家族に聞いてみましょう。話しているところを録音し、聞いてみるのもいい方法です。

●だれにでも流行語で話す

友だちの間ではやっている言葉は、だれでも知っているわけではない。だれでもわかる言葉を使おう。

> そんなのめっちゃ簡単だよ！ググればいいじゃーん！

●一人称が「うち」

自分のことを指す「わたし」などの言葉を一人称という。「うち」は自分ひとりではなく、自分の家族全体などを指す言葉。

●言葉の語尾が上がる、伸びる、強くなる

> なんかあ（↗）

> それでえ（↗）

口ぐせと同じで、言葉の語尾が気になって、聞いている人は話に集中できない。

●人を傷つける言葉

「ばか」「死ね」など人をばかにしたり、傷つけたりする言葉は、絶対に人に向かって言ってはいけない。

いろいろな言葉を知っておこう

正しい日本語でていねいに話すことはもちろんですが、覚えておくと便利な言葉があります。

「クッション言葉」を使いこなそう

　言葉にとって大切なのは正確に伝わることです。事実を伝える場合も、自分の考えを伝える場合も、正確に伝わることがまず必要です。ただ、正確に伝わりさえすればそれでいいのかというと、必ずしもそうで

はありません。伝わりはしたけれど、「感じの悪い人」「冷たい人」などという印象を与えてしまうことがあります。そうならないために使うのが、「クッション言葉」や敬語です。上手に使うことができると、相手によい印象を与え、人間関係のトラブルを防ぐのにも役立ってくれます。

ただ事実を伝えることが大切？

事実だけを伝えると

無理！

冷たく、厳しい印象

クッション言葉があると

それはできないんだ

申し訳ないんだけど……

やわらかく、ていねいな印象

いろんな場面のクッション言葉

いつでも使えるクッション言葉

> 悪いんだけど

> すみませんが

おねがいするとき、断るとき、どちらの場合も使える。覚えて、ふだんから使ってみよう。

おねがいするときのクッション言葉

> お手数を
> おかけしますが

> おそれいりますが

> おいそがしいところ、
> すみませんが

断るときのクッション言葉

> ざんねんですが

> せっかくですが

> とても申し上げ
> にくいのですが

> （お誘いは）
> うれしいのですが

大人になってからももちろん必要

仕事では、たくさんの人とメールで連絡をとりあったり、直接会って話をしたりする機会が出てきます。そのときにお互いが、気持ちよく仕事を進めるために、クッション言葉が使われる場面はたくさんあります。

ステップ
1
アナウンス

ステップ
2
ディベート

ステップ
3
インタビュー

ステップ
4
プレゼンテーション

ステップ
5
すてきな言葉づかい

目上の人には正しい敬語を使おう

大人でも使うのがむずかしいことも多い「敬語」。まちがった使い方は失礼になってしまいます。正しい敬語をマスターしましょう。

敬語には5つのタイプがある

①尊敬語
相手が自分より目上の人の場合に、その行動や状態を表すときに使う言葉。

→43ページへ

②謙譲語Ⅰ
自分の行動の相手（聞く相手、言う相手など）に対して、自分の行動（聞く、言うなど）を下げて言う言葉。

→44ページへ

④美化語
「お米」「お料理」「お茶」などものを指す言葉に「お」や「ご」をつけて、ていねいにした言葉。

→45ページへ

②謙譲語Ⅱ
話し相手が自分より目上の人の場合に、自分の行動や状態を下げて表す言葉。

→44ページへ

③ていねい語
文章の最後を「です。」「ます。」で終わらせるなど、ていねいに話すときに使う言葉。

→45ページへ

大人でもまちがえやすい

　友だち同士の話には必要なくても、学校の先生と話すときや、近所や親せきの大人と話すときには、敬語が必要になります。慣れていないとむずかしく感じられるかもしれませんが、基本の構造を理解してしまえば、マスターしやすくなります。

　覚えた敬語はどんどん使ってください。ただ、敬語は使い方をまちがえると、失礼な言い方になってしまうことがあるので要注意。実は、大人でもまちがえていることが少なくありません。よく使われるまちがった敬語を覚えないようにしましょう。

❶尊敬語

話す人

校長先生が朝礼でお話しになる

尊敬する人の動作

来る人

11時にお客さまがお見えになる

尊敬する人の動作

＼ 覚えよう ／

基本形	尊敬語	基本形	尊敬語
会う	お会いになる	教える	お教えになる
与える	くださる	思う	お思いになる
言う	おっしゃる	聞く	お聞きになる
来る	お見えになる	する	なさる、される
いる	いらっしゃる	食べる	召し上がる

❷謙譲語

見つけてくれた人

見つけて
もらった人

Aさんのところへ
行く人

目上の人

うちの子のノートを<u>見つけて</u>
<u>いただいて</u>、ありがとうございます。

取引先のAさんとの打ち合わせに
<u>行って参ります。</u>

＼ 覚えよう ／

基本形	謙譲語	基本形	謙譲語
会う	お目にかかる	知っている	存じ上げる
あげる	さし上げる	する	させていただく、いたす
言う	申し上げる	たずねる	お伺いする
行く、来る	参る、お伺いする	食べる	いただく
いる	おる	見せる	お見せする
教える	お教えする	見る	見せていただく
思う	存じる	もらう	いただく
聞く	お聞きする	わかる	承知する

❸ ていねい語

わたしはそれがよいと<u>思います</u>。

＼ 覚えよう ／

● 〜です。

「こちらはわたしの兄です。」

● 〜ます。

「わたしは毎朝花に水やりをします。」

● 〜ございます。

「まもなく○○駅でございます。」

学校で発表をするときや、校内放送をすると
き、デパートや電車内の放送などで使われる。

❹ 美化語

先生、少し<u>お時間</u>を
<u>いただけますか</u>？

＼ 覚えよう ／

お米、お菓子、お茶、お料理、
ごはん、お約束、お話、お水、
お化粧、お手紙、お土産、など

「ジュース」「ノート」といったカタカナの言
葉など、つけると不自然な言葉もある。その
場合はなにもつけない。

ファストフード店などでの敬語は敬語じゃない!?

「〜でよろしかったでしょうか」「こちらハンバーガーになります」
「500円からおあずかりします」

　ファストフード店やコンビニエンスストアでは、店員は客に敬語
で話します。しかし、最近よく耳にする、上にあげたような表現は、
不快に感じる人が多い使い方。本当はどのように言ったらよいか考
えてみましょう。

ステップ
1
アナウンス

ステップ
2
ディベート

ステップ
3
インタビュー

ステップ
4
プレゼンテーション

ステップ
5
すてきな言葉づかい

全巻さくいん

監修

鳥谷朝代（とりたに・あさよ）

一般社団法人あがり症克服協会代表理事。株式会社スピーチ塾代表取締役。NHKカルチャー、朝日カルチャーセンター、よみうりカルチャー、中日文化センター、リビングカルチャー倶楽部にて話し方講師として活躍。自身もあがり症に苦しみ、克服した経験を持つ。「同じように悩んでいる人の助けになりたい」という思いから2004年「あがり症・話しベタさんのためのスピーチ塾®」を開校した。主な著書、監修書に『人前で「あがらない人」と「あがる人」の習慣』（明日香出版社）、『心に残る入学式・卒業式のあいさつ』（日本文芸社）など。

参考文献

● 鳥谷朝代著『1分のスピーチでも、30分のプレゼンでも、人前であがらずに話せる方法』大和書房、2016年
● 西出博子、ウマカケバクミコ共著『友だちが増える 話し方のコツ』学習研究社、2009年
● 生越嘉治著『話し合いと発表力トレーニング ①話し合い（説得力）トレーニング』あすなろ書房、2003年
● 北村隆著『アナウンサーになるには』ぺりかん社、1990年
● 松原耕二著『14歳の世渡り術 聞く力、話す力 インタビュー術入門』河出書房新社、2015年
● 松本茂、河野哲也共著『大学生のための「読む・書く・プレゼン・ディベート」の方法（改訂第二版）』玉川大学出版部、2007年
● 東京子ども図書館編集『ブックトークのきほん──21の事例つき』公益財団法人東京子ども図書館、2016年
● 岩下宣子監修『社会のマナーとしくみがわかる おとな事典』講談社、2012年
● 日経WOMAN別冊『なぜか好かれる人の話し方』日経BP社、2017年

イラスト	かまたいくよ（本文イラスト）	本文デザイン	谷関笑子（TYPEFACE）
	成瀬 瞳（マンガ）	校 正	ペーパーハウス
カバーデザイン	渡邊民人（TYPEFACE）	編集協力	オフィス201（新保寛子、篠塚あすみ）、柄川昭彦

こうすればきみも話せる❸

ワンランク上の話し方 テクニック

2018年1月31日　第1刷発行

監 修	鳥谷朝代
発行者	岩崎夏海
編 集	大塚奈緒
発行所	株式会社岩崎書店
	〒112-0005　東京都文京区水道1-9-2
	電話 03-3812-9131（営業）　03-3813-5526（編集）
	振替 00170-5-96822
印刷所	三美印刷株式会社
製本所	株式会社若林製本工場

©2018 office201
Published by IWASAKI Publishing Co.,Ltd. Printed in Japan.
ISBN 978-4-265-08623-8

こうすれば きみも話せる

全3巻

鳥谷朝代・監修

岩崎書店